Un Patriote

La Question de Chambord

PARIS
PAUL OLLENDORFF, ÉDITEUR
28 *bis, rue de Richelieu,* 28 *bis*

1886

LA QUESTION DE CHAMBORD

La Question de Chambord

par

Un Patriote

PARIS
PAUL OLLENDORFF, ÉDITEUR
28 *bis, rue Richelieu,* 28 *bis*

1886

I

Le don de la France
doit revenir à la France.

I

Je voudrais discuter ici une question de patriotisme que l'heure me semble venue d'examiner au lendemain de la mort de Mme la comtesse de Chambord.

Il s'agit de savoir quelle doit être la destinée du monument *national* dont le dernier Bourbon de la branche aînée a porté le nom dans l'exil, et quel véritable caractère la France a attaché à la donation de ce domaine le jour où, par une souscription publique, elle a offert, il y a soixante-cinq ans, l'ancienne demeure de nos rois au prince qui venait de naître.

En d'autres termes, et pour poser tout de suite la question d'une façon nette et catégorique : est-ce à l'homme privé, en dehors de toute considération politique et indépendamment de sa situation d'héritier de la couronne, qu'en 1821 une souscription nationale a offert le domaine de Chambord à Henri-Dieudonné d'Artois, duc de Bordeaux ; ou bien, au contraire, est-ce au prince *français*, l'héritier du trône, et en raison même de cette situation toute politique, que la donation lui a été conférée?

La réponse ne me paraît pas un instant douteuse, et je vais essayer d'en donner les raisons avec autant de respect que d'indépendance.

* * *

On sait comment Napoléon, pour sauver Chambord de la destruction qui le menaçait, l'avait mis sous la protection de la Légion d'honneur, puis donné au maréchal Berthier, prince de Wagram, avec une donation de 500,000 francs de rentes, prise sur les droits de navigation du Rhin, à la charge de lui rendre toute son ancienne splendeur. Mais, après la chute de l'Empire, la veuve du maréchal, privée de la riche dotation qui seule pouvait lui permettre de remplir ses obligations, avait obtenu du roi Louis XVIII l'autorisation de vendre le domaine, et la *Bande noire* allait s'abattre sur cette admirable proie pour la dépecer, quand, en 1820, le comte Adrien de Calonne lança l'idée patriotique d'une souscription nationale dans le but de racheter et d'offrir la demeure de nos anciens rois au successeur que venait de leur envoyer la Providence.

Ce n'était pas la pensée d'offrir au jeune prince un château, un palais, un domaine quelconque à titre de manifestation de joie pour son heureuse naissance qui inspirait M. de Calonne et les souscripteurs. Ils avaient un but différent et bien nettement déterminé : celui de conserver *à la France* le chef-d'œuvre d'architecture qui était en péril, celui de nous assurer à jamais la possession nationale de la merveille de l'art français au seizième siècle.

Il n'y a aucun doute à ce sujet, et les documents du temps établissent le fait de la manière la plus indiscutable.

*
* *

Une grande commission fut instituée pour centraliser les souscriptions et diriger l'entreprise. Tous les rangs, toutes les classes de la nation y furent représentés, comme pour mieux indiquer le caractère national de l'œuvre. On y remarquait des prélats, des maréchaux de l'Empire, des officiers de la garde nationale, des magistrats, des avocats, des pairs de France, des députés, des banquiers, des négociants, des manufacturiers, des professeurs, etc. (1).

(1) Voici quelle était la composition totale de la Commission :

PAIRS DE FRANCE

S. Em. le cardinal-duc de Talleyrand-Périgord, archevêque de Paris; MM. le maréchal-duc de Bellune, major-général de la garde royale; le maréchal-duc de Reggio, major général de la garde royale et commandant en chef de la garde nationale de Paris; le duc de Fitz-James, commandant de la garde nationale à cheval de Paris; le marquis de Talaru, le marquis de la Suze, le marquis d'Herbouville, le marquis de Vibraye, le comte de Sèze, le comte de Latour-Maubourg, le vicomte Dubouchage, le vicomte de Chateaubriand, le vicomte d'Ambray; le duc d'Avaray, chambellan; le marquis de Raigecourt.

DÉPUTÉS

MM. Bellart, Quatremère de Quincy, Lebrun (Seine). Lainé (Gironde), Stafforello (Bouches-du-Rhône), de Maigneval (Rhône), de Villèle (Haute-Garonne), le comte du Cambou de Coislin (Loire-Inférieure), le comte de la Bourdonnaye (Maine-et-Loire), le prince de Montmorency

Le premier document émané de cette Commission précise nettement le mandat qu'elle avait reçu et le but qu'elle se proposait d'atteindre.

C'est au *Moniteur* que j'emprunte cette pièce, extraite des procès-verbaux même de la Commission, et portée alors par l'organe officiel à la connaissance du public, en vue de

(Seine-Inférieure), de Vendel (Moselle), le comte Charles de Béthisy (Nord), de Corday (Calvados), Cornet d'Incourt (Somme), le comte de Salaberry, Josse de Beauvoir, Pardessus (Loir-et-Cher).

MEMBRES DIVERS

MM. le baron de Vitrolles, ancien ministre d'État; le vicomte Tabarié, ancien sous-secrétaire d'État; Mgr l'archevêque de Trajanopoli, coadjuteur de Paris; l'abbé Frayssinous, prédicateur ordinaire du roi; Amy, président de la Cour royale de Paris; le chevalier de Frasans, conseiller à la même Cour; Delvincourt, doyen de la Faculté de droit de Paris; Piault, maire du Xe arrondissement; le vicomte Pinon, colonel de la 2e légion de la garde nationale de Paris; Aclocque de Saint-André, colonel de la 11e légion; Eugène de Bray, du conseil général des manufactures; Couture, avocat; Berryer fils, avocat; Lemoine Desmares, manufacturier à Sedan; César de la bien définir devant le pays entier le caractère de l'entreprise :

Souscription
Pour l'acquisition du domaine de Chambord

« Des amis de la royauté et des beaux-arts, désirant préserver d'une destruction prochaine un monument auquel se rattachent un grand nombre de souvenirs monarchiques, et qui,

Panouze, banquier; Sanlot-Baguenault, banquier; Trudon, manufacturier; du Monchan, maréchal-des-logis du roi; le comte Adrien de Calonne, fourrier-des-logis du roi, auteur de la proposition; le Notaire de la Commission.

Cette Commission générale nomma dans son sein une Commission d'exécution composée de neuf membres, savoir :

MM. le marquis d'Herbouville, pair de France; le marquis de Vibraye, pair de France; le vicomte de Chateaubriand, pair de France; le comte de Calonne, chevalier de Saint-Louis; Pardessus, membre de la Chambre des députés; Quatremère de Quincy, membre de la Chambre des députés et de l'Académie des Inscriptions et Belles-Lettres; Bellart, député, procureur général près la Cour royale de Paris; de Frasans, conseiller à la Cour royale; et Berryer fils, avocat.

(*Moniteur* du 26 novembre 1820, page 1554.)

fondé lors de la naissance des arts parmi nous, honore les architectes français; désirant *aussi* offrir à S. A. R. Mgr le duc de Bordeaux un gage de l'amour des sujets fidèles à la Maison de Bourbon, se sont réunis pour effectuer l'acquisition du domaine de Chambord » (1).

Ainsi, d'après la déclaration officielle de la Commission, constituant un engagement moral vis-à-vis des souscripteurs et formant contrat entre eux et cette commission, il s'agissait *d'abord* de préserver et de nous conserver le château de Chambord.

C'était là le premier but, l'objet essentiel de l'entreprise; c'était la pensée supérieure et dominante de l'œuvre.

L'autre ne venait qu'ensuite et en second lieu : « désirant *aussi*... », ajoute le document.

N'est-ce pas clair, et, dès le début, ce texte ne dissipe-t-il pas toute ambiguïté?

(1) *Moniteur* du 20 décembre 1820. (*Extrait des procès-verbaux tenus par la Commission d'exécution.*)

Plus tard, rendant compte de sa mission dans un rapport, la même Commission, par l'organe de M. Berryer, son secrétaire, alors âgé de trente et un ans, s'exprimait ainsi :

« La commission s'est persuadé qu'elle accomplirait le vœu manifesté dans toutes les parties de la France, en faisant hommage à S. A. R. Monseigneur le duc de Bordeaux *d'un ancien domaine de ses ancêtres*, domaine *auquel se rattachent de si glorieux souvenirs*, et qui, de même que ces monuments dont la France déplorera toujours la destruction, allait tomber sous le marteau des Vandales. »

Ainsi, je le répète, il s'agissait bien de préserver de toute atteinte un monument aussi précieux par sa valeur artistique que par les souvenirs qui s'y rattachent : il s'agissait bien de maintenir son ancienne et historique destination au château célèbre qui avait servi de résidence à nos rois.

En un mot, on voulait le garder à la France et lui conserver le caractère national qu'il avait eu pendant trois siècles.

Le domaine fut donc acheté le 5 mars 1821, au prix de 1 million 542 mille francs (1); et quand la duchesse de Berry alla en prendre officiellement possession, au nom de son fils, elle adressa à M. de Calonne, nommé très

(1) « Le 5 mars 1821, à une heure après midi, il a été procédé, en l'étude de Me Rousse, notaire à Paris, rue Croix-des-Petits-Champs, 27, à l'adjudication définitive du domaine de Chambord, en présence de M. Eparvier, directeur général des Domaines du département de la Seine, délégué à cet effet, en vertu des ordres de Son Excellence le ministre des Finances.

« Le domaine avait été estimé par les experts 1,301,180 fr. 11 centimes.

« L'adjudication a eu lieu au prix de 1,542,000 francs, indépendamment des frais. »

Détail curieux! Il se produisit une opposition inattendue : celle d'un prétendu fils de Louis XV, un sieur *Hullin*, qui se faisait appeler Bourbon et qui revendiqua le domaine.

Bien entendu, la prétention de cet aventurier, précurseur des faux Louis XVII, fut unanimement écartée.

(Voir *Moniteur* du 20 octobre 1820, page 1409.)

justement conservateur de Chambord, ces belles paroles qui précisent le caractère et la destination que, dans sa pensée, le monument et le domaine ne devaient jamais cesser d'avoir : « Monsieur, il ne faut pas distraire un denier du revenu de la propriété : tout doit y être dépensé en améliorations et pour le bien du pays. »

Ce vœu, il faut le reconnaître, a été religieusement accompli pendant soixante ans; jamais M. le comte de Chambord n'a détourné du domaine et de ses habitants un centime du revenu de la terre. Mais, dans les conditions nouvelles où nous entrons, qui oserait garantir qu'il en sera toujours de même à l'avenir?

* * *

Le domaine de Chambord, pour le rappeler en passant, comprend 5,500 hectares, entièrement entourés de murs et habités par une population rurale qui constitue une commune. Naturellement, tous ces cultivateurs ne sont que les fermiers du domaine, et quand, le soir, les portes du parc sont fermées, la commune, avec son conseil municipal, sa mairie et ses archives se trouve littéralement sous clé. Le fait est assez original et on n'en trouverait certainement pas un autre exemple en France.

La superficie de la terre de Chambord est exactement la même que celle de Paris, et la clôture de murailles qui l'entoure représente aussi le même développement que les fortifications de la capitale (1).

Par son testament, fait à Frohsdorf le 4 juin 1883, le comte de Chambord, en laissant à sa femme l'usufruit de tous ses biens, meubles et immeubles, léguait à son neveu

(1) La muraille qui entoure le parc a plus de 8 lieues de circuit. Le parc est traversé, de l'est à l'ouest, par la rivière du Cosson, sur une étendue de 3 lieues.

Robert, duc de Parme, les trois quarts du fonds de ses biens, et à son autre neveu, Henri, comte de Bardi, frère cadet du précédent, le quart du fonds des mêmes biens.

Les droits de mutation par décès s'élevant, pour ce qui concerne Chambord, à la somme de 375,000 francs, furent payés au bureau d'enregistrement de Bracieux (Loir-et-Cher) le 29 février 1884.

Mme la comtesse de Chambord garda l'usufruit de la propriété, et, jusqu'à sa mort, le personnel du château a porté sa livrée, c'est-à-dire la livrée de France, bleu et argent.

Mais, depuis, tout est changé. L'usufruit, qui maintenait le *statu quo*, a disparu, et désormais le domaine appartient en toute propriété au duc de Parme et au comte de Bardi, indivisément; c'est-à-dire que le monument historique *français* et la commune *française* sont devenus la propriété privée de deux princes *étrangers*.

Un des historiens de Chambord (1), après avoir décrit toutes ses splendeurs de pierre, se demandait avec inquiétude, il y a trente ans, quelle destinée future aurait ce joyau de l'architecture et de l'art français ?

C'est la question qu'il est permis plus que jamais de se poser, en face de la situation inattendue créée par le testament du comte de Chambord ; et c'est ici que je touche au vif du problème.

*
* *

Je ne conteste pas, en principe, au comte de Chambord le droit dont il a usé, puisque ce droit était théoriquement absolu : — *Jus utendi et abutendi.* Mais je me permets de dire qu'il a

(1) Touchard-Lafosse.

oublié la pensée originelle de la donation de 1821, et que si, *légalement*, il était bien propriétaire indiscutable du domaine, ainsi que les tribunaux l'ont reconnu contre les revendications de la monarchie de Juillet et de l'Empire, *moralement*, il ne pouvait méconnaître que la donation 1821 avait un caractère particulier qui faisait du possesseur du domaine une sorte de délégué national et qui lui imposait l'obligation patriotique de n'en changer ni la nature ni la destination.

Il est bien évident que la France n'a jamais eu l'idée de racheter l'ancien domaine royal pour en faire bénéficier plus tard des princes étrangers; que les communes françaises qui ont souscrit pour sauver le château de Chambord de la destruction entendaient faire une œuvre nationale, et que les souscripteurs de toute catégorie associés à la noble pensée de M. de Calonne comptaient ainsi assurer à la France la possession définitive d'un monument dont chaque pierre est une page de son histoire.

Et cependant il se trouve aujourd'hui que la souscription patriotique de 1821 a tourné contre le but même qu'elle s'était proposé, puisque le chef-d'œuvre de l'art français au seizième siècle, puisque l'ancienne demeure des rois de France passe en des mains étrangères et qu'elle peut être demain aliénée, transformée ou démolie au gré de ses nouveaux possesseurs.

Encore une fois, ce n'est pas à l'homme *privé* que la France avait donné Chambord, mais bien au prince, au personnage *politique* que sa naissance appelait à diriger nos destinées. Dans cette situation indéniable, il semblait que Chambord dût passer aux héritiers *politiques* de l'exilé de Frohsdorf et non à ses héritiers *privés*, inconnus à la France et étrangers à tous ses intérêts.

En prenant le nom même du vieux château

historique pour le porter à l'étranger, le comte de Chambord en avait consacré lui-même une fois de plus le caractère en y ajoutant un dernier et patriotique souvenir.

Comment le testament de 1883 a-t-il méconnu tous ces titres et oublié toutes ces considérations, pour disposer du domaine *national* de Chambord comme d'une simple ferme de Hongrie ou du Tyrol?

Ce n'est pas cependant que le prince exilé n'eût aucun autre bien à léguer à ses neveux. Indépendamment de plusieurs immeubles considérables, il a laissé une fortune mobilière que les journaux allemands de ces derniers temps évaluent, d'après des informations assez précises, à huit millions de florins, soit environ 20 millions de francs; ce qui eût fait aux neveux une part encore assez belle, en dehors du domaine français racheté par et pour la France.

*
* *

Il est d'autant plus singulier que le testament de Frohsdorf n'ait pas tenu compte de cette situation que deux exemples récents et significatifs avaient dû frapper à ce sujet l'esprit de l'auguste exilé.

Le premier de ces exemples est celui du château de Blois ; le second, celui du palais du Pharo, à Marseille.

Sous l'Empire, la ville de Blois, propriétaire du château célèbre des Valois, avait eu l'idée d'offrir cette demeure historique au prince impérial, dans le but d'assurer par là toutes sortes d'avantages futurs à la cité. La donation fut faite dans les formes régulières, et Napoléon III l'accepta officiellement pour son fils, qui devint ainsi le propriétaire légitime de l'ancienne et magnifique demeure de Louis XII, de François Ier, de Catherine de Médicis et de Henri III.

Mais, après 1870, le fils et la veuve de Napoléon III, comprenant bien que la donation était caduque et que leur titre s'était évanoui avec le régime impérial, abandonnèrent d'eux-mêmes une propriété qui n'avait plus de raison d'être; et la ville de Blois rentra naturellement en possession de son magnifique château.

L'histoire du palais de Marseille est plus caractéristique encore. On sait que la cité phocéenne avait donné dans toutes les formes à Napoléon III l'admirable propriété du Pharo, avec son parc et sa vue splendide sur la mer. Après la chute de l'Empire, l'impératrice eut la pensée de restituer à Marseille la propriété dont le titre moral avait à ses yeux disparu dans l'effondrement du régime. Mais le conseil municipal de la ville, ne voulant rien tenir de sa générosité et contestant même sa possession légale, revendiqua directement le domaine. L'impératrice alors s'adressa aux tribunaux pour faire consacrer son droit; elle en obtint la reconnaissance formelle des arrêts de la justice; et, une fois armée de la sentence qui la constituait propriétaire indiscutable du Pharo, elle se vengea dignement des offenses du conseil radical de Marseille en donnant à la ville, par un acte libre et volontaire, le magnifique domaine qui, sans doute, lui appartenait au sens absolu de la loi, mais dont le titre moral, je le répète, semblait déchu à sa délicatesse intime.

Et cependant le Pharo ne comportait ni les grands souvenirs historiques ni la haute valeur artistique qui font de Chambord, à ce double point de vue, un monument tout à fait national.

Je ne suis pas bonapartiste, mais cela ne saurait m'empêcher de rendre un juste hommage à la noblesse de sentiments dont la veuve de Napoléon III a fait preuve en cette occasion (1).

(1) L'acte de donation du palais du Pharo à la ville de Marseille a été signé le 24 septembre 1883 par l'impératrice Eugénie par devant Me Mahot de la Querantonnais, notaire à Paris, et l'acte d'acceptation par le maire de Marseille a été signé quelques jours après en l'étude de Me Lamotte, notaire à Marseille.

II

L'idée d'offrir au royal enfant de la duchesse de Berry un témoignage de la joie publique s'était d'abord manifestée sous la forme d'une grande médaille d'or à déposer sur son berceau ; idée qui fut réalisée à l'aide d'une souscription nationale et par les soins d'une commission ayant pour organe Chateaubriand (1).

Le sentiment public s'était donc ainsi fait

(1) « Aujourd'hui, à onze heures, les membres composant la Commission chargée de l'exécution de la médaille relative à la naissance de S. A. R. Mgr le duc de Bordeaux, ont été admis devant MONSIEUR et ont présenté à S. A. R. les premières épreuves en bronze qui viennent d'être frappées. Le prince a accueilli cet hommage avec la bonté la plus touchante. Après avoir donné au beau travail de M. Gayrard les éloges qu'il mérite, S. A. R. a daigné ajouter les choses les plus flatteuses pour la

jour dans sa spontanéité; il avait eu satisfaction; et c'est en raison de circonstances toutes particulières que surgit ensuite le dessein d'acquérir Chambord. L'hommage de ce domaine au prince répondit à une autre pensée, et on peut dire que la donation ne fut vraiment ici que la forme employée pour sauver le fond.

Le fond, ne nous lassons pas de le redire, ce fut la pensée de conserver à la France la merveille de l'art français au seizième siècle, de garantir à notre pays la possession d'un monument unique au point de vue de l'art et de l'histoire.

Commission qui a conçu et fait exécuter ce monument simple et durable, mis, par la modicité de son prix, à la disposition de toutes les fortunes et de toutes les classes dans lesquelles l'événement dont il consacrera le souvenir a répandu la consolation et l'espérance.

« La Commission a eu ensuite l'honneur de remettre à S. A. R. Mme la duchesse de Berry les deux médailles qui lui étaient destinées. »

(*Moniteur* du 23 décembre 1820.)

Détail caractéristique ! C'est *avant même* la naissance du prince que se produisit l'idée de sauver Chambord de la destruction dont le menaçait la *Bande noire*. En effet, la vente était annoncée pour le 28 septembre 1820 (M. le comte de Chambord naquit le lendemain 29, fête de saint Michel), et dès le 21 septembre, le *Journal des Débats* se proclamait « affligé de cette mesure sous le rapport de la dignité nationale et des beaux-arts, également intéressés dans la question ».

En même temps, une protestation émue arrivait de Blois en faveur de « cette antique et majestueuse demeure de nos Rois, superbe souvenir que la munificence de François Ier laissa aux Français de la renaissance des arts dans leur patrie » (1).

Quelques jours plus tard, le *Journal des Débats*, appuyant les réclamations de l'opi-

(1) *Journal des Débats* du 21 septembre 1820.

nion, engageait « le gouvernement, dût-il faire de grands sacrifices, à conserver un monument précieux pour les arts, le seul qui reste entier du siècle de François Ier (1) ».

Devant ces protestations et ces vœux, la vente de Chambord fut, par autorité supérieure, ajournée au 18 octobre, puis suspendue tout à fait par suite du mouvement qui se dessina pour un rachat national.

Le 11 octobre 1820, le Conseil municipal de Caen, prenant une initiative qu'allait suivre la France entière, envoyait au roi Louis XVIII l'adresse suivante « pour la conservation de Chambord » :

Sire,

Un bon Français vient de concevoir une patriotique pensée, et sa voix a retenti dans tous les cœurs.

Chambord, bâti par ce Roi valeureux que Bayard arma chevalier, demeure chérie du Père

(1) *Journal des Débats* du 2 octobre 1820.

des Lettres, monument splendide où viennent se rattacher tant de souvenirs pour les beaux-arts comme pour nos guerriers, Chambord va tomber sous la hache sacrilège des Vandales, et bientôt l'ombre magnifique de celui qui sut dire : *Tout est perdu fors l'honneur*, ne planera plus que sur des ruines.

L'histoire dira comment, épuisée par d'immenses bienfaits, la main chérie d'un grand Roi qui partout releva la cabane du pauvre fut réduite à la noble impuissance de racheter le toit de ses ancêtres.

Sire, elle dira aussi qu'alors vos enfants émus accoururent à vos pieds, qu'alors les fidèles communes de votre royaume sollicitèrent le bonheur de rattacher un fleuron à la couronne des lis, et celui de placer elles-mêmes dans ce palais vénérable où tout respire la gloire et l'honneur des temps anciens, l'arche miraculeuse ou repose l'avenir de la France...

Ah! Sire, ce berceau de l'héritier de tant de rois, Votre Majesté a daigné l'accepter de la main de quelques mères respectables, mais peu fortunées, d'une de vos cités (1); comment ne

(1) Les Dames de la Halle de Bordeaux.

serait-il pas permis à la patrie tout entière de racheter pour un fils de France le champ de ses pères, le manoir où dormirent ses aïeux, le noble asile du vainqueur de Fontenoy, et de fonder ainsi, avec le secours des beaux-arts, un magnifique monument d'amour; car, Sire, conserver, c'est édifier.

Certaine d'être l'interprète d'un vœu universel, votre bonne ville de Caen ose donc, Sire, vous conjurer, au nom de l'honneur français, d'autoriser tous les conseils municipaux de vos Etats à s'assembler et à voter ce qu'ils jugeront convenable pour acquérir et *conserver le domaine de Chambord*, afin que, premier apanage de Henri-Dieudonné, il devienne un gage et comme un lien d'amour entre lui et les peuples qu'il doit gouverner un jour.

Alors, Sire, la ville de Caen vous supplierait dès cet instant de la placer la première sur la liste honorable où viendraient s'inscrire à l'envi les cités et les communes de France.

(*Suivent les signatures.*)

Caen, le 11 octobre, 1820.

J'ai tenu à reproduire *in extenso* ce document curieux (1), parce qu'il marque bien le point de départ de la grande manifestation qui a suivi, parce qu'il en précise nettement le caractère et détermine expressément la condition sous laquelle tous les conseils municipaux de France allaient voter des allocations patriotiques, c'est-à-dire *la conservation à la France* du château *national* de Chambord.

*
* *

Le Conseil municipal de Caen vota d'enthousiasme une somme de 3,000 francs.

Le 1er décembre 1820, le Conseil municipal de Lyon, « voulant donner un nouveau témoignage de ses sentiments de fidélité et as-

(1) *Journal des Débats* du 14 octobre 1820.

socier, en même temps, le nom de la seconde ville de France *à la conservation de l'un des principaux monuments du royaume* », — s'incrivit pour 15,000 francs (1).

Le 2 décembre 1820, le Conseil municipal de Melun, « considérant que le projet d'acquisition du domaine de Chambord réunit à l'avantage d'offrir au nouveau prince, objet des espérances de la France... *celui de conserver un monument qui rappelle des souvenirs chers aux cœurs français...* » — vota une somme de 1,500 francs (2).

Beaucoup d'autres conseils motivèrent de même leur allocation, et rien n'est plus expressif que le texte de ces délibérations, dont on pourrait emplir tout un volume.

La souscription de l'Académie des Beaux-Arts mérite une mention particulière. Le 11 mars 1821, elle vota une somme de

(1) *Journal des Débats* du 12 décembre 1820.
(2) *Journal des Débats* du 13 février 1820.

500 francs, ainsi motivée : « En s'unissant de cœur au sentiment de tous les bons Français, cette Académie a cru remplir un autre devoir en concourant *à la conservation du monument le plus célèbre des arts et de l'architecture du seizième siècle en France.* »

Je ne commente pas ces délibérations; elles parlent assez éloquemment d'elles-mêmes.

Je cite quelques chiffres, intéressants à rappeler aujourd'hui, et qui montrent quelle importance attachaient les conseils municipaux d'alors à la conservation patriotique du chef-d'œuvre architectural de la Renaissance.

Paris, 50,000 fr.; Lyon, 15,000; Bordeaux, 10,000; Marseille, 10,000; Blois, 6,000; Nantes, 5,000; Toulouse, 5,000; Rouen, 3,000; Versailles, 3,000; Poitiers, 3,000; Dunkerque, 3,000; Montpellier, 3,000; Nîmes, 3,000; Caen, 3,000; Orléans, 2,400; Limoges, 2,400; Le Mans, 2,000; Dijon, 2,000; Douai, 2,000; Amiens, 2,000; Bourges, 2,000; Reims, 2,000; Tours, 2,000; Angers, 2,000; Rennes, 2,000; Joigny, 2,000; Gex, 2,000; Brest, 2,000; Fontainebleau, 1,500; Chartres, 1,500; Aix, 1,500; Clermont, 1,500; Saint-Etienne, 1,500; Montauban, 1,500; Louviers, 1,500; Arras, 1,500; Autun, 1,200; Châtellerault, 1,000; Calais, 1,000; Chalon-sur-Saône, 1,000; Valenciennes, 1,000; Auxerre, 1,000; Lorient, 1,000; Plombières, 1,000; Lisieux, 1,000; Cateau-Cambrésis, 1,000; le Havre, 1,000; Valence, 1,000; Tarbes, 1,000; Carcassonne, 1,000; Pau, 1,000; Hagueneau, 1,000; Riom, 1,000; Cherbourg, 1,000; Béthune, 1,000; Beaucaire, 600; Abbeville, 600: Vesoul, 600; Provins, 600; Cahors, 500; Draguignan, 500; Elbeuf, 500; Montargis, 500; Langres, 500; Meaux, 500; Valognes, 500; Sisteron, 500, etc., etc.

Après les conseils municipaux, les conseils généraux : celui de la Seine, 20,000; de Loir-et-Cher, 20,000; du Nord, 10,000; de la

Somme, 10,000; d'Indre-et-Loire, 5,000; du Rhône, 4,000; de la Seine-Inférieure, du Finistère, de la Charente-Inférieure, de la Vienne, du Gard, de Vaucluse, du Pas-de-Calais, chacun 3,000; de l'Aude, du Cher, des Hautes-Pyrénées, de la Moselle, du Doubs, de la Marne, de l'Aisne, de la Sarthe, chacun 2,000; de la Drôme, 2,500; de la Charente-Inférieure, 3,600; des Ardennes, de l'Aveyron, de Saône-et-Loire, du Jura, chacun 1,500; de l'Indre, de la Nièvre, des Basses-Pyrénées, 1,200; de l'Ain, de l'Isère, de la Haute-Saône, de la Corse, de l'Allier, des Pyrénées-Orientales, de l'Ariège, de la Vendée, du Gers, des Landes, de l'Ardèche, chacun 1,000 fr.; du Cantal, 600; de la Lozère, 500, etc., etc.

Après les conseils généraux et municipaux, les conseils d'arrondissement, dont plusieurs pour des sommes importantes, puis les cours d'appel, les tribunaux civils, les tribunaux et les chambres de commerce, nos cinq ports de guerre, le clergé, l'armée, les légions de la garde nationale de Paris et des principales villes de province, les chambres de notaires, les élèves des collèges, enfin une masse de souscriptions individuelles de tout rang et de toute classe, depuis 5,000 francs jusqu'à 25 centimes (1).

Est-ce que tous ces conseils, tous ces corps constitués, tous ces donateurs individuels, qui disposaient si patriotiquement de l'argent des contribuables ou de leurs ressources personnelles pour conserver à la France et aux arts un monument national, entendaient que ce monument ainsi racheté, avec cette destination précise et toute française, pourrait être donné à des étrangers, libres de le transformer, de l'aliéner ou de le détruire? Etait-ce

(1) Un des souscripteurs, M. de la Vieuville, en envoyant son offrande de 200 francs, exprimait le vœu que le domaine racheté servît à créer « un établissement national pour les jeunes orphelins militaires ».

pour le simple agrément ou pour l'enrichissement ultérieur de princes italiens, séparés de nos destinées, que la France monarchique et artistique ouvrait aussi généreusement ses caisses publiques et ses bourses particulières?

*
* *

Le sentiment public se fit jour d'une façon originale et piquante aux représentations populaires données sur tous les théâtres de Paris à l'occasion du baptême du duc de Bordeaux, au printemps de 1821.

Le château de Chambord n'y fut pas oublié, et notamment au Gymnase et aux Variétés, où il apparut sur la toile de fond, aux applaudissements de la foule. L'agent de la *Bande noire*, ridiculisé sous les traits de Brunet, eut un immense succès de rire, et chaque soir le parterre acclamait un joli couplet de facture chanté par un entrepreneur de la bande dévastatrice qui, après avoir démoli Chantilly, Sceaux, Marly, se désespérait comiquement de ne pouvoir démolir Chambord (1).

Ainsi, il n'y a pas à s'y tromper : c'est bien la conservation de Chambord à la France qui, avant tout, était en cause; c'est bien cette pensée patriotique qui soulevait les applaudissements de la foule, après s'être formulée de la façon la plus irrécusable dans les délibérations des conseils des départements et des villes, dans le vote de l'Académie des Beaux-Arts, et dans les procès-verbaux même de la Commission officielle comme dans les vœux de la France entière (2).

(1) Voir le *Journal des Débats* du 1er mai 1821.

(2) On lit dans l'historien le plus autorisé de Chambord : « Mettant de côté les sentiments politiques, nous demanderons si tout homme ami de l'art et de l'histoire ne doit pas rendre grâce à l'heureuse circonstance qui

*
* *

Il me reste à invoquer deux témoignages et à produire deux documents qui me paraissent achever la démonstration pour ceux qui ne la trouveraient pas déjà péremptoire.

Le premier est le *Rapport* adressé au roi Louis XVIII par le comte Siméon, ministre de l'Intérieur, à la date du 20 décembre 1820; le second est l'adresse présentée au roi Charles X par la Commission de Chambord, le 7 février 1830, pour lui offrir définitivement le domaine.

NOUS *a valu la conservation de l'un des édifices les plus remarquables de la Renaissance et les plus historiques de France?* » (L. de la Saussaye, *le Château de Chambord*, édition Perrin, page 89.)

Voici la partie essentielle du rapport du comte Siméon :

Paris, le 20 décembre 1820.

Sire,

La maison royale de Chambord, bâtie par François Ier, bientôt abandonnée à cause de son éloignement de la capitale, autour de laquelle s'élevèrent des résidences plus magnifiques, est devenue une propriété particulière sur la tête du feu prince de Wagram et de ses *héritiers mâles*, assujétie, à leur défaut, *au retour en faveur du domaine*. Votre Majesté en a permis l'aliénation à charge de remploi *et de la même condition de retour*.

On avait vu jusque-là avec indifférence le dépérissement de ce château trop vaste pour un particulier, quelque riche qu'il puisse être; mais lorsque la vente en a été annoncée, on a craint que sa ruine ne fût prête à se consommer. On a exprimé vivement le désir de sa conservation, sans songer à ce qu'elle coûtera de réparations foncières et d'entretien, à toutes les dépenses qu'exigeront son ameublement et son habitation.

Bientôt l'heureux événement de la naissance

de Mgr le duc de Bordeaux a suggéré l'idée que toutes les communes du royaume lui en fissent hommage, elle a été accueillie par un grand nombre de Conseils municipaux, de Conseils généraux de départements, et de particuliers. Tous ont saisi avec enthousiasme cette occasion d'exprimer leur joie de voir renaître dans un fils le prince qu'ils pleuraient, d'offrir à cet auguste enfant un des premiers monuments de la renaissance des arts, l'ouvrage de François Ier qui les appela en France, et la demeure du héros de Fontenoy.

On ne peut qu'applaudir aux sentiments qui ont inspiré ce mouvement et les partager. Ils sont d'autant plus respectables que les Conseils qui ont voté des sommes pour l'acquisition de Chambord, n'ont point été arrêtés par les embarras de finances qu'éprouvent presque toutes les communes : les unes, épuisées par la suite des guerres, par l'invasion et le long séjour des étrangers ; les autres, appauvries par les fléaux du ciel, la grêle, les gelées, les inondations, les incendies ; obligées la plupart de recourir à des impositions extraordinaires pour acquitter les charges courantes et leurs dettes. Dans d'autres circonstances, l'administration devrait examiner pour chaque commune, si ses moyens répondent à son zèle. Mais comment étouffer sous des calculs cet élan généreux? Combien on paraîtrait froid au milieu de l'allégresse générale, si l'on refusait, sous prétexte d'économie, à des Français d'offrir, au jeune prince qui ranime toutes leurs espérances, un faible prélèvement sur leurs revenus, lorsqu'ils sont prêts à lui sacrifier, s'il en était besoin, leurs biens et leur vie ; lorsqu'ils compteront, au nombre de leurs richesses, l'honneur d'avoir fourni leur part de don gratuit qui attestera à jamais leur attachement et leur amour (1)!

Ce Rapport met en saisissante lumière les sacrifices accomplis, au lendemain même des guerres de l'Empire et des deux invasions de 1814 et de 1815, par les départements et les communes dans le but d'assurer le rachat et la conservation de Chambord.

On y voit nos malheureuses communes, dévastées par le passage de l'ennemi, ruinées par la grêle, par les gelées, par les inonda-

(1) *Moniteur* du 29 décembre 1820, page 1697.

tions, écrasées d'impôts extraordinaires et pressurées de toutes les façons, puiser dans leurs dernières ressources et faire un patriotique effort pour conserver à la France le chef-d'œuvre de son architecture. Et tous ces efforts, tous ces sacrifices n'auraient été accomplis qu'au profit de princes étrangers, sans garantir en rien le noble but que se proposait la nation? Et c'est uniquement pour enrichir des Italiens que nos populations se seraient ainsi saignées aux quatre veines!

Est-ce possible? Et ces princes *italiens* peuvent-ils eux-mêmes admettre que les communes *françaises* aient, après les ravages de la guerre, après les calamités de la nature, après les ruines et les impôts de toute sorte, fait un effort extraordinaire et un acte suprême de dévouement dans le simple but de les enrichir, eux, étrangers, et de dépouiller la France du plus précieux moment de son histoire?

Ce n'est pas tout. — Le Rapport du comte de Siméon expose formellement que l'autorisation du roi Louis XVIII au sujet de l'acquisition de Chambord, n'a été accordée qu'à la condition « de retour au domaine en cas d'absence d'héritiers mâles ».

Quand les tribunaux, sous la monarchie de Juillet et sous le second Empire, ont eu à examiner la question intrinsèque de propriété dans les mains de M. le comte de Chambord, ils avaient devant eux le bénéficiaire direct de la donation de 1821, et ils ne pouvaient que constater son droit personnel, ainsi qu'ils l'ont fait avec indépendance.

Mais, depuis le double décès du comte de Chambord et de son usufruitière, la question n'est-elle pas changée, et, en l'absence d'héritiers français, la *condition de retour*, si nettement stipulée par Louis XVIII, ne s'impose-t-elle pas au nom de la loi comme au nom du patriotisme?

*
* *

J'arrive au dernier document, plus précis peut-être et plus concluant encore que tous les autres, si c'est possible.

Le 7 février 1830, la Commission des souscripteurs pour l'acquisition du domaine de Chambord se rendit aux Tuileries afin d'offrir au roi Charles X les titres du domaine. Le Roi reçut solennellement la Commission dans la salle du Trône, entouré des princes, des princesses, des officiers de sa maison, du ministre de l'Intérieur, du préfet de la Seine et d'un certain nombre de préfets des départements.

Le président, qui était alors le cardinal duc de Périgord, archevêque de Paris, lut une adresse où il disait au Roi :

. . . .

Le célèbre domaine de Chambord, ancien héritage des comtes de Blois, *réuni à la Couronne sous Louis XII*, père du peuple; son château, construit par François Ier, père des beaux-arts aussi bien que des belles-lettres, visité par Louis XIV dans la splendeur et la magnificence de sa cour, habité par le malheur et les vertus de Stanislas, orné par Louis XV des lauriers de Fontenoy et de Rocoux; tel est, Sire, le monument qu'une ingénieuse pensée voulut dédier au fils de la Restauration, en mémoire du bonheur de sa naissance.

Comprise aussitôt, cette pensée fut soudain accueillie d'un bout à l'autre du royaume. Les départements et les communes, les villes et les campagnes, l'administration, la magistrature, l'armée, le riche, l'artisan, tous applaudirent à cette *inspiration monarchique*, tous voulurent participer et concourir à l'accomplissement d'une œuvre qui *désormais est devenue celle de la France entière.*

C'est elle, Sire, c'est cette France qui vous est si chère, dont nous avons aujourd'hui l'honneur d'être les interprètes et les organes, c'est elle qui supplie Votre Majesté de sourire un instant à cette *conspiration nationale*, d'avoir pour agréable ce faible hommage qu'ELLE VOUS OFFRE en la personne de votre auguste petit-fils... (1)

Charles X accepta. « Il reçut des mains du président le contrat d'acquisition, ajoute le *Moniteur*, et il le remit immédiatement à M. le baron de la Bouillerie, ministre d'État, intendant général de la maison du Roi. »

Ainsi, aux termes de la déclaration officielle qui précède, c'est, en définitive, *au Roi lui-même* qu'était offert Chambord dans la personne de son petit-fils, ce qui indique bien la pensée de conservation nationale et de pérennité française dont étaient animés les souscripteurs, car le Roi, c'était la nation, et en lui remettant le domaine racheté par elle, la nation entendait manifestement le garder ainsi à la France.

(1) *Moniteur* du 8 février 1830.

Le discours du président ne rappelait-il pas, en outre, que le domaine avait été, sous Louis XII, *réuni à la couronne ;* et en ajoutant, à la suite de ce significatif souvenir, que le rachat de 1821 avait été le résultat d'une « inspiration monarchique » et d'une « conspiration nationale », le cardinal duc de Périgord ne faisait-il pas suffisamment entendre qu'il s'agissait bien d'une sorte de retour à la couronne, ou tout au moins d'une œuvre de restauration et de perpétuité française?

Dans cette situation, que reste-t-il à faire? Les documents authentiques me paraissent l'indiquer de la façon la plus nette : — C'est à la ville de Caen, c'est à la ville de Lyon, c'est à la ville de Melun, c'est à l'Académie des beaux-arts, c'est à tous les Conseils généraux et municipaux de France qui ont stipulé en faveur de la conservation de Chambord, c'est aux fils, aux héritiers, aux descendants des souscripteurs qui ont mis à leur offrande cette condition formelle, qu'il appartient, au nom de leur contrat, de revendiquer le domaine pour la France.

Le testament de Frohsdorf, en date du 4 juin 1883, a méconnu l'essence des actes de 1821 et de 1830; il a méconnu le caractère particulier de la convention intervenue alors entre le roi et les souscripteurs, pour décider du domaine *national* comme d'une chose purement *privée*. — C'est aux ayant-droit des souscripteurs de présenter leur titre à la fois historique et juridique, et, pièce en main, de réclamer pour Chambord la destination que le patriotisme a toujours entendu lui garantir.

Les catholiques et les monarchistes protestent avec raison contre la violence des laïcisateurs de nos jours qui, tournant contre la foi les anciens dons de chrétiens généreux, font servir à l'enseignement athée des écoles fondées jadis par des legs religieux.

Sans établir de comparaison entre les deux cas, on ne peut se défendre pourtant d'un rapprochement involontaire, car dans l'un et dans l'autre n'est-ce pas le même principe qui est atteint, et peut-on condamner les laïcisateurs en les imitant, c'est-à-dire en dénaturant, à leur exemple, le caractère manifeste d'une propriété pour lui donner un emploi tout différent de celui qu'ont assigné les contrats d'origine?

D'ailleurs, quel intérêt personnel auraient à garder Chambord M. le duc de Parme et son frère? Ils ne peuvent en tirer aucun bénéfice, car, sans nul doute, ils ne songent pas à renier les paroles solennelles que leur grand'mère, la duchesse de Berry, a adressées au comte de Calonne en prenant officiellement possession de la terre, et qui restent comme la charte inviolable du domaine : — « Monsieur, il ne faut pas distraire un denier du revenu de la propriété; tout doit y être dépensé en amélioration et pour le bien du pays. »

Ce serait faire injure à la loyauté des deux princes italiens que de les croire capables de répudier cette partie de l'héritage et de méconnaître à la fois la déclaration de leur aïeule et la constante application qu'en a faite jusqu'au bout l'auguste exilé de Frohsdorf.

Dès lors, tout s'accorde, il me semble, — l'intérêt des parties, l'observation des contrats, le respect des engagements sacrés de famille et de patriotisme, — pour qu'une solution nationale se produise et pour que le don de la France revienne à la France.

TABLE

PARIS. — E. DE SOYE ET FILS, IMPR., 18, R. DES FOSSÉS-S.-JACQUES.

www.ingramcontent.com/pod-product-compliance
Ingram Content Group UK Ltd.
Pitfield, Milton Keynes, MK11 3LW, UK
UKHW022129170726
13837UKWH00003B/1458

9 782329 172453